AF509691

INSTITUT DE FRANCE.

ACADÉMIE DES BEAUX-ARTS

NOTICE

SUR LA VIE ET LES ŒUVRES

DE

M. ALPHAND

PAR

M. GEORGES LAFENESTRE

MEMBRE DE L'ACADÉMIE

Lue dans la séance du 29 juillet 1899.

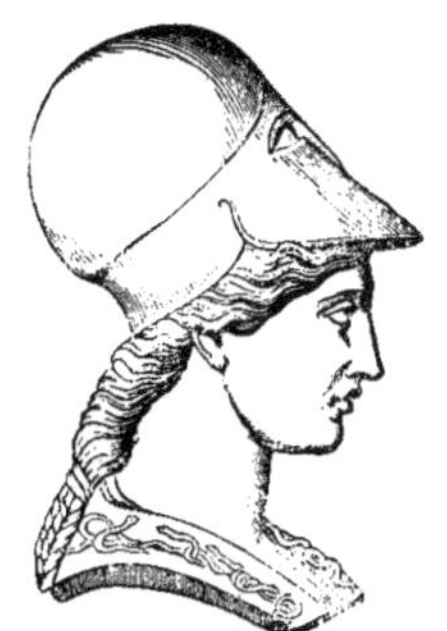

PARIS

TYPOGRAPHIE DE FIRMIN-DIDOT ET Cⁱᵉ

IMPRIMEURS DE L'INSTITUT DE FRANCE, RUE JACOB, 56

M DCCC XCIX

INSTITUT
1899 — 21.

ACADÉMIE DES BEAUX-ARTS

NOTICE

SUR LA VIE ET LES ŒUVRES

DE

M. ALPHAND

PAR

M. GEORGES LAFENESTRE

MEMBRE DE L'ACADÉMIE

Lue dans la séance du 29 juillet 1899

MESSIEURS,

C'est chez vous une tradition constante que, dans votre section libre, à côté des historiens, critiques ou amateurs servant la gloire de l'art par leur érudition, leur éloquence ou leur goût, se doivent toujours montrer quelques hommes d'action, administrateurs ou fonctionnaires, l'ayant servie plus directement encore par l'appui qu'ils ont su prêter aux artistes eux-mêmes, aux artistes vivants et créateurs. Cette tradition heureuse et utile est de celles que les conditions fatales de la vie moderne vous engageront sans doute à toujours respecter. En effet, pour les soutenir en de longs efforts, dans quelque travail noble et désintéressé, les artistes contemporains n'ont plus à compter sur l'exaltation générale d'une grande foi religieuse ou morale, non plus que sur l'enthousiasme collectif d'une forte renaissance intellectuelle ; ils n'ont pas à espérer davantage de généreux encouragements de la part de puissances sociales dont l'émulation suscitait autrefois les chefs-d'œuvre, mais qui n'existent plus, soit des corporations laborieuses et magnifiques, soit des aristocraties passionnées et opulentes. Un grand nombre d'entre eux, les meilleurs, se trouveraient donc fort désemparés, le plus souvent condamnés à des besognes inférieures, s'ils ne rencontraient, parmi les dépositaires passagers de l'autorité publique, des admirateurs éclairés et des amis sincères, s'ingéniant à leur offrir de plus vastes champs d'inspirations, sous un ciel mieux ouvert au vol de l'idéal, avec une sympathie bienveillante qui leur prépare et leur annonce la caresse, toujours incertaine, et souvent tardive, de la Gloire.

Parmi les hommes d'action, à qui, dans notre temps, fut dévolu ce noble rôle, aucun ne mérita mieux votre reconnaissance que l'ingénieur illustre, aux multiples aptitudes, dont le souvenir redoutable, partout où il passa, demeure écrasant pour ceux qui l'y suivent, l'homme en qui l'histoire monumentale de Paris s'est presque exclusivement incarnée durant près d'un demi-siècle, Jean-Charles-Adolphe Alphand, directeur des travaux de la capitale durant trente-sept années, de 1854 à 1892, dont le nom se placera, dans l'avenir, à côté de ceux de Suger, Hugues Aubryot, Sully et Turgot.

Pour cet extraordinaire travailleur, la Justice, contre ses habitudes, semble accourir d'un pas rapide. Cette figure énergique d'ouvrier opiniâtre, promptement dégagée des poussières de l'actualité, a déjà pris, dans l'imagination des foules, une sorte de grandeur légendaire. Dans toutes les circonstances assez fréquentes, où les Parisiens croient avoir à se plaindre de leur édilité, les jours de fêtes publiques, si les décors sont pauvres ou les illuminations mesquines, l'hiver, si les neiges s'accumulent et si les verglas persistent, l'été, si l'arrosage manque ou si les égouts empestent, quand la voie publique est encombrée ou qu'une promenade est mutilée, il n'est pas rare d'entendre, plébéienne ou bourgeoise, s'élever, dans la foule, quelque voix plaintive ou frondeuse, qui répète avec conviction : « Ah! si Alphand était là! On voit bien qu'Alphand est mort! » Alphand devient, Alphand est déjà devenu, pour la population de la grande ville, le type parfait de l'administrateur, l'organisateur idéal de sa vie quotidienne et de ses plaisirs, dont le souvenir rendra, longtemps, la tâche difficile à ses plus habiles successeurs.

De fait, pour ceux qui l'ont vu à l'œuvre, soit à l'Hôtel de Ville, soit à l'Exposition Universelle de 1889, Alphand justifie cette admiration : il restera, physiquement et moralement, une figure puissante et rare, d'une vitalité intense, d'un caractère bien moderne. De haute taille, fortement râblé, avec une ossature rude et saillante, la tête forte, le front large, le teint basané, des yeux noirs et vifs, des regards nets et pénétrants, tout, en lui, à l'abord, exprimait la force et la volonté. Soit qu'assis, devant un bureau chargé de plans et de dossiers, il se retournât, par mouvements brusques, sous les secousses de ses impressions, dans son large fauteuil, soit qu'il se tînt debout, fixe, ou marchant de long en large, tandis qu'on lui parlait, il écoutait toujours avec gravité, interrogeait avec netteté, d'une voix légèrement bredouillante ; puis, après quelques instants de réflexion, répondait en mots brefs, d'un ton bienveillant, mais si ferme et si clair, malgré le vice de prononciation, et si plein de conviction et d'autorité, qu'il n'admettait guère la réplique, l'hésitation ou la résistance.

L'impression qu'il laissait était celle d'un montagnard robuste et alerte, fait pour les longues courses et les labeurs violents, dont l'exubérance extraordinaire avait besoin de s'agiter, de se répandre, de s'imposer, d'un homme de grand air et de grand soleil, venu de loin, qui étouffait, mal à l'aise, à l'étroit, dans l'enceinte d'un bureau et dans l'atmosphère d'une ville.

C'était, en effet, un montagnard. Sous les dehors très policés d'une courtoisie irréprochable, il en garda toujours les qualités natives : hardiesse, souplesse, ténacité. Né en 1817, à Grenoble, où son père était colonel d'artillerie, d'une famille dauphinoise, de cette forte race à qui la France doit tant de vifs esprits et de vigoureux caractères, il grandit devant ce haut cirque de pentes boisées et de sommets abrupts qui aiguisent la vue et sollicitent l'escalade. Il ne vint à Paris qu'en 1834, pour y suivre les cours supérieurs du Lycée Charlemagne, entrer, l'année suivante, à l'École Polytechnique, puis, trois ans après, à l'École des Ponts et Chaussées. En 1843, envoyé comme ingénieur à Bordeaux, il s'y retrouva devant de grands espaces, un fleuve immense, l'interminable désolation des landes, l'Océan. Il passa dix ans à lutter victorieusement contre toutes les résistances de ces eaux et de ce sol. La reconstruction des quais de Bordeaux, l'établissement, pour les travaux du port, de puissantes machines dues à son invention, l'installation des premières lignes de chemins de fer, les premiers essais d'assainissement et de plantation des landes, la découverte ou, tout au moins, l'aménagement, comme station sanitaire et hivernale, de la baie d'Arcachon, rendirent, en quelques années, le nom du jeune ingénieur, si hardi et si habile, populaire dans toute la contrée. Pour lui témoigner leur reconnaissance, les Bordelais le nommèrent chef d'escadron dans leur garde nationale et conseiller municipal, les Girondins lui confièrent leurs intérêts départementaux et l'envoyèrent siéger au Conseil Général où il resta le représentant de Coutras plus de vingt ans. En 1851, la nomination à Bordeaux d'un préfet encore jeune, singulièrement actif et ambitieux, Georges-Eugène Haussmann, décida de son avenir. Haussmann connaissait, depuis longtemps, le département ; il avait vu Alphand à l'œuvre, il l'avait apprécié, il en fit son homme. Leur premier coup d'éclat, en commun, fut l'organisation, rapide et brillante, en octobre 1852, de ces fêtes retentissantes de Bordeaux qui furent comme la préparation publique et le prologue théâtral de l'Empire. Dès lors, les vies de ces deux infatigables travailleurs se mêlent parfois jusqu'à se confondre, et leurs noms se trouveront sans cesse associés dans la lutte et dans l'honneur, dans l'insulte passagère des envieuses impopularités, comme dans les justes et durables retours de la reconnais-

sance publique. C'est le 22 juin 1853 qu'Haussmann
est nommé Préfet de la Seine ; quelques mois après,
Alphand s'installe auprès de lui : la transformation de
Paris commence !

Quelle fut, dans cette collaboration, constante et cor-
diale, durant seize années, pour l'ensemble des plans, la
part du chef et celle de son agent ? C'est ce que certaines
circonstances permettent d'établir sans trop d'invraisem-
blance. Tous deux, le Préfet et l'Ingénieur, s'accordent,
dans les souvenirs écrits qu'ils nous ont laissés, à recon-
naître que la pensée première de l'assainissement et de
l'agrandissement de la capitale remonte à Napoléon III.
De ses longues années d'exil, le prince avait rapporté un
souvenir reconnaissant des parcs spacieux et des squares
verdoyants répandus à travers la ville de Londres et toujours respectés par ses accroissements. En étudiant un
projet général de larges et longues percées à travers le
vieux Paris et parmi ses faubourgs, pour y faciliter et
multiplier les communications avec la banlieue et les pro-
vinces, en décidant que presque toutes les voies nouvelles
seraient des avenues plantées d'arbres et qu'au milieu
même des quartiers anciens s'ouvriraient, de tous côtés,
autour des édifices isolés ou dégagés, des jardins et des
promenades, Haussmann et Alphand ne firent donc
qu'exécuter la pensée de l'Empereur, sa pensée dominante
et constante et dont il ne cessa de surveiller la réalisation. Toutefois, dans cette mise en œuvre, ils apportè-
rent, tous deux, une telle ardeur personnelle, un tel enthousiasme et une telle activité, que l'œuvre immense, si
rapidement accomplie par eux, restera bien leur œuvre

devant la postérité et qu'ils en porteront tous deux, dans l'avenir, la grande et glorieuse responsabilité.

La haute direction du plan d'ensemble, en fait comme en droit, resta toujours entre les mains du Préfet, qui apporta, dans cette besogne, avec ses habitudes de décision audacieuse et rapide, l'opiniâtreté inflexible de son esprit positif et de son tempérament autoritaire. Toujours pressé d'aller au but, ne s'arrêtant guère aux considérations d'ordre sentimental, le baron Haussmann tailla, à grandes volées et en plein cœur, dans la cité vénérable de Philippe-Auguste, Charles V, Henri IV, Louis XIV. Dans cette fièvre de démolitions hâtives sut-il respecter, autant qu'il le pouvait, autant qu'il le devait, les souvenirs d'autrefois qui ne sont pas seulement, pour une noble capitale, sa plus pittoresque parure, mais l'affirmation visible de sa force vitale, et comme la conscience permanente et parlante de sa grandeur dans le passé et de sa foi dans l'avenir ? Ce n'est point ici le lieu de répondre à cette question douloureuse. On peut seulement affirmer qu'Alphand, ingénieur en chef des promenades, ne prit alors aucune part directe à ces opérations mi-financières, mi-politiques et souvent brutales. Tant que dura l'Empire, il n'eut à s'occuper ni des travaux de grande voirie, ni des principaux travaux d'architecture, dont la direction était confiée à Baltard. Du programme impérial, dans la distribution des rôles, il n'avait gardé que la meilleure part, la plus conforme à ses goûts et à ses habitudes ; il s'était chargé d'aérer et d'embellir Paris. Dans l'accomplissement de cette heureuse tâche, il déploya vite une puissance d'imagination et une fertilité de ressources qui dépassèrent toutes les attentes.

Tandis que ses collègues, lançant la pioche dans les
moellons séculaires de la vieille ville grouillante et obscure,
la surprenaient et l'éblouissaient par de grands jets brusques de lumière et d'air, Alphand ne suivait qu'une pensée :
celle de conserver, le plus qu'il pourrait, de ces espaces réou-
verts, de les assainir par des feuillages, de les égayer par
des fleurs. Son premier acte fut la création des *Pépinières*
et *Serres* de la ville de Paris où devait se préparer toute
la joie végétale et florale qu'il voulait distribuer à ses
habitants. Ces établissements, organisés avec une méthode
admirable, devinrent vite des modèles pour les horticul-
teurs du monde entier qui leur demandèrent bientôt des
exemples et s'y fournirent de sujets d'émulation. L'une des
occupations principales y fut, dès l'origine, l'acclimation des
plantes exotiques et rares. C'est avec une légitime satisfaction d'amateur passionné qu'Alphand, quelques années plus
tard, pourra énumérer, dans sa publication de l'*Arboretum
au Fleuriste de la ville de Paris*, par centaines, presque par
milliers, les essences d'arbres et les espèces de fleurs jusqu'alors presque ignorées dont il aura doté notre pays, qu'il
aura fait passer dans le domaine public, et dont la variété
s'ajoutera désormais à la variété de la flore nationale pour
donner aux jardins publics de Paris leurs aspects divers et
élégants.

Grâce à ces pépinières, dès qu'un square était ouvert,
autour d'un édifice public, on y voyait, en quelques jours,
les plates-bandes se colorer, les arbustes se grouper en
massifs, parfois même des arbres, déjà grands, plongeant
leurs pieds meurtris en des fosses énormes, dresser,
tout d'un coup, le long des trottoirs, leurs têtes touffues

et vacillantes. Aujourd'hui nous sommes faits à ces spectacles; les rapidités de ces transplantations ne nous surprennent pas plus que le fonctionnement ingénieux des
appareils d'arrosage. Mais, à cette époque, ce fut, pour
notre génération, toute une suite d'étonnements délicieux
et salutaires. Lorsque les premiers de ces arbres adultes,
enlevés à leurs forêts lointaines, traînés sur d'énormes
chariots par de longs attelages, s'avançaient, en processions solennelles, le long des boulevards, nous les suivions,
grands et petits, les passants avec des vivats, les gamins
avec des chansons; la foule les acclamait comme on acclame une entrée triomphale; et, c'était, en effet, la rentrée
de la nature dans Paris! Ainsi verdoyèrent, à de brefs
intervalles, les squares de la Tour-Saint-Jacques, de
l'Archevêché, des Arts-et-Métiers, du Temple, des Innocents, de Sainte-Clotilde, de la Trinité, de la Chapelle-
Expiatoire, Montholon, Vintimille, de Charonne, des Batignolles, etc., etc. Ainsi, là même où s'entre-croisaient naguère des lacis de ruelles puantes entre des masures délabrées, la santé et la gaieté reparurent avec l'air et les fleurs.
Ainsi, tous ceux pour lesquels la grande ville était, depuis
longtemps, si meurtrière, les enfants et les femmes, les convalescents et les vieillards, trouvèrent désormais, dans les quartiers les plus populeux, des abris accueillants et salubres
pour leurs jeux et leur travail, leurs causeries et leurs repos.

Rien de contagieux comme l'exemple, même le bon,
surtout dans un pays comme le nôtre, centralisé et égalitaire, où l'exemple, s'il part de haut, devient vite une
mode, puis une habitude. Quand les Parisiens virent des
arbres autour des pierres, et des fleurs sous leurs pieds,

ils en voulurent plus près d'eux, ils en voulurent chez eux. En quelques années, les marchés aux fleurs se multiplièrent et s'agrandirent, et les plantes, communes ou rares, prirent l'habitude de gravir les étages parisiens, non plus seulement pour s'aligner, en de maigres pots, devant la mansarde de Jenny l'Ouvrière, mais pour s'épanouir, en larges touffes, dans les céramiques éclatantes, au milieu des bimbelots précieux, dans les salons aristocratiques et les cabinets bourgeois. Lorsque Alphand put s'en donner à cœur joie, et tailler en de plus larges espaces, quand il s'attaqua aux vieux bois de Boulogne et de Vincennes, incultes et négligés, au Parc Monceau abandonné, dans son quartier désert, comme une ruine archéologique, pour les ressusciter et les métamorphoser, en y multipliant les routes, allées et stations, les accidents de perspectives végétales ou monumentales, les attractions pittoresques de toute sorte, l'exemple détermina encore, aux alentours, des modifications plus frappantes dans les habitudes parisiennes. Presque tous les hôtels ou villas qu'on y construisit, cessant de s'emprisonner derrière de hautes murailles, restèrent en communication avec l'extérieur, tout au moins par une devanture de jardins ou des grillages ouverts sur la verdure ; chaque particulier voulut alors participer à la gaieté, si nouvelle chez nous, des voies publiques.

La transformation du Bois de Boulogne, qui en a fait la plus belle promenade du monde, était achevée en 1858. Ce ne sont pas seulement les bouleversements ingénieux des terrains, les créations des lacs, cascades et rivières, la construction des pavillons et abris qui en modifièrent l'aspect ancien, plat, sec et monotone ; ce furent encore les métamorphoses du bois lui-même, savamment repeuplé au moyen d'arbres nouveaux, où désormais les essences à feuilles persistantes, par leur mélange avec les essences caduques, allaient assurer, en toutes saisons, la verdure et l'ombrage. Les vieux arbres français, chênes, bouleaux, frênes, peupliers, acacias, ormes, hêtres, marronniers, en accueillant, parmi eux, des arbres étrangers, pins d'Écosse, pins sylvestres, cèdres du Liban, épicéas, thuyas, mélèzes, aux silhouettes plus âpres, aux colorations plus lourdes, n'eurent point à se plaindre d'une association qui fait mieux valoir la souplesse libre de leur allure, la grâce légère ou la majesté douce de leurs feuillées. Le même système, avec des différences voulues dans l'arrangement décoratif, suivant la disposition des lieux, le caractère et les habitudes de la population, fut appliqué au Parc Monceau, au Bois de Vincennes, plus tard au Parc de Montsouris et à celui des Buttes-Chaumont. Ces deux dernières promenades, créées de toutes pièces aux extrémités de l'agglomération parisienne, en des banlieues disgraciées, pour donner à des populations laborieuses et souvent misérables les mêmes joies qu'aux heureux du monde, furent les œuvres les plus hardies d'Alphand, celles aussi dont il se montra toujours le plus fier. La transformation, notamment, des Buttes-Chaumont, de l'antique Mons Calvus, de ce Montfaucon, nu, aride, désolé, sans un arbuste, sans un oiseau, depuis que son pilori gigantesque, avec ses grappes de pendus, n'y attirait plus les corbeaux, parut tout d'abord, lorsqu'on en parla, une entreprise insensée et comme une gageure perdue d'avance. Cet amoncellement mélancolique de marnes et de glaises, bossuées et

ravinées, n'occupait pas moins de 25 hectares qu'il fallait
aplanir ou modeler, puis revêtir, sur toute sa surface,
d'une couche épaisse de terre végétale. Le premier coup
de pelle y fut donné en 1864. Trois ans après, les arbustes
y fleurissaient et les arbres s'y dressaient. Le parc des
Buttes-Chaumont fut une des grandes surprises offertes
aux Parisiens, autant qu'aux étrangers, à l'occasion de
l'Exposition Universelle en 1867.

Cette même année, Alphand ajouta à son titre de Directeur des promenades celui de Directeur de la Voirie. Il
n'avait point de part directe à prendre dans l'installation
générale de l'Exposition Universelle, si ingénieusement
organisée par Le Play; il resta sur son terrain, celui de
la ville de Paris, mais il y manœuvra en maître. Avec une
étonnante prévision de l'avenir, des exigences et des néces-
sités croissantes de l'industrie moderne, de ses concur-
rences et de ses vanités, il songea, dès lors, à préparer aux
expositions futures de plus vastes espaces et, pour les invi-
ter à franchir la Seine, il abaissa d'avance les hauteurs,
difficilement accessibles, du Trocadéro.

Cette première période, la période impériale, fut sans
doute, pour Alphand, la plus heureuse comme la plus facile
de sa vie. Les événements de 1870-1871, en le mettant en
présence de difficultés imprévues, marquèrent pour lui le
commencement d'une seconde carrière, non moins active,
non moins féconde, mais qui fut d'abord plus pénible et plus
inquiète. Sur cette intelligence ferme et sur cette âme saine,
le malheur ne put exercer, d'ailleurs, que son influence
accoutumée en pareil cas, il les raffermit et les assainit
encore. C'est, depuis 1870, qu'Alphand déploya vraiment

à plein toutes les énergies de son caractère comme toutes
les ressources de son esprit.

Avant même la chute de l'Empire, son affection et son
admiration avaient été douloureusement atteintes par la
disgrâce du baron Haussmann sacrifié, injustement selon
lui, à des ressentiments personnels ou à des intérêts poli-
tiques. Les calamités de l'Année terrible le surprirent et
l'attristèrent plus encore, sans le troubler d'ailleurs, ni
dans la conscience de son devoir, ni dans l'accomplissement de sa tâche. Il n'oublia pas la France un instant.
Chargé de mettre en état et de fermer les fortifications de
Paris, puis d'organiser, avec le titre de Colonel, un corps
de génie auxiliaire pour la défense de leurs abords, il ne
quitta guère, non plus que Viollet-le-Duc, son compagnon
d'armes, ni jour, ni nuit, les avant-postes, pendant toute
la durée du siège. Il y donna, sans relâche, l'exemple de
l'endurance dans la fatigue, et de la fermeté dans l'espoir,
en suscitant là, autour de lui, dans les tranchées glaciales
ou sur les champs de bataille, par la rapidité de son coup
d'œil, la sûreté de sa décision, la franchise de ses allures,
l'excellence de son cœur, autant de dévouements, parmi
ces soldats improvisés, qu'il en avait su trouver parmi
ses collaborateurs, employés, subordonnés de tout rang à
la préfecture. Le gouvernement de la Défense nationale,
sachant ce qu'était l'homme, l'avait, sans hésitation, main-
tenu à son poste. L'un des premiers actes de M. Thiers,
en rentrant à Paris, le 27 mai 1871, fut de le nommer, par
décret, Directeur général des Travaux de Paris. Il estimait
qu'Alphand seul, avec son expérience et son patriotisme,
était capable de panser promptement les horribles bles-

sures faites à la capitale par la guerre civile, que lui seul
saurait la mettre promptement en état d'oublier ses misères
et de redevenir, pour les provinciaux et pour les étrangers,
l'hôtesse accueillante et magnifique dont les visiteurs ne
connaissent que le sourire et qui garde pour elle le re-
mords de ses fautes et la conscience de ses misères. On
sait avec quelle rapidité les édifices, appartenant à la Ville
de Paris, mutilés ou détruits, furent réparés ou recon-
struits. Il ne fallut que huit ans (1874-1882) pour rééditier
complètement l'Hôtel de Ville lui-même. Quant au Bois
de Boulogne, si fortement saccagé, ce fut en quelques
mois qu'Alphand lui rendit sa splendeur; les forêts de
Sénart et de Fontainebleau fournirent les colonies d'arbres en pleine croissance, qui vinrent, par légions, rem-
placer les morts.

A partir de ce moment, et pour vingt années, toute la
responsabilité de la vie extérieure et visible de Paris, de
sa santé et de sa beauté, repose entre les mains d'Alphand.
La direction seule de sa vie souterraine et mystérieuse,
des canaux et des égouts, restait encore confiée à Belgrand qui avait perfectionné et complété, avec un rare génie,
tout le système d'organes intérieurs nécessaire à son fonctionnement vital. A la mort de Belgrand, en 1878, Alphand
lui succède; il réunit désormais en lui tous les pouvoirs. Il
va sans dire que cette situation exceptionnelle ne fut pas
occupée sans lutte. L'ancien favori de l'Empire devenait
un trop haut personnage, il conservait trop sincèrement,
dans sa dignité silencieuse, le respect des morts et le souvenir des vaincus, pour que les suspicions de la politique
et les jalousies de la médiocrité ne tentassent point de

l'atteindre et de le renverser. Pour conduire son œuvre avec suite, sous des préfets changeants qui n'avaient point tous la même hauteur d'esprit, avec des conseillers municipaux d'une valeur et d'une bienveillance plus incertaines encore, il lui fallut, dans ses manœuvres, déployer une souplesse extraordinaire, des prodiges de diplomatie autant que d'activité. Peu à peu, cependant, par la rectitude irréprochable de sa conduite autant que par la supériorité insigne de son expérience professionnelle, il sut s'imposer à tous. Sa loyauté fière désarma les plus malveillants ; on ne lui demanda jamais de palinodie honteuse à laquelle il ne se fût pas abaissé. Par la seule autorité de son ferme caractère, l'homme de confiance du baron Haussmann resta, à l'honneur de tous et pour le bien de Paris, l'homme de confiance des municipalités radicales.

L'énumération complète des travaux qu'il dirigea de 1870 à 1891 formerait un volume. Coup sur coup, en quelques années, pour augmenter, dans la ville centrale, qui étouffe toujours, des moyens de circulation en rapport avec les moyens croissants de locomotion, il y ouvre l'avenue de l'Opéra, la rue des Pyramides, le boulevard Saint-Germain, la rue Etienne-Marcel, la rue du Louvre, et, de tous côtés, amorce des voies nouvelles pour l'avenir. Il construit, reconstruit et décore presque toutes les mairies, achève l'Hôtel-Dieu, les Abattoirs et le marché de la Villette, les églises de Saint-François-Xavier, Saint-Joseph, Notre-Dame-des-Champs, les lycées Buffon et Voltaire, les collèges Chaptal et Rollin, plusieurs casernes, de nombreuses écoles, il élève, de tous côtés, des monuments et des statues, il poursuit, avec l'État, les constructions du Palais de Justice, de la Nouvelle Sorbonne, etc.

L'Exposition Universelle de 1889 lui fournit une dernière occasion de donner plein essor à cette ardeur de création que le temps n'avait pu calmer. Lors de l'exposition précédente, en 1878, il avait dû se contenter encore d'un rôle secondaire ; il n'avait installé que les pavillons et jardins de la Ville, mais on retrouvait déjà son inspiration et la suite de ses idées dans les constructions décoratives du Trocadéro. En 1889, il obtint le titre de Directeur général, directeur des constructions, des décorations, des installations, des cérémonies, des fêtes. C'était la réalisation d'un de ses rêves. Il faut l'avoir vu à l'œuvre. à cette époque, sur les chantiers, dans les bureaux, conduisant, durant de longs mois, sans une hésitation, avec une présence d'esprit toujours égale, toute une armée d'ingénieurs, d'architectes, de sculpteurs, de peintres, de décorateurs, d'ouvriers, d'agents et d'employés de toute sorte, pour comprendre l'autorité qu'il exerçait et le respect qu'il inspirait. C'était vraiment l'incarnation de l'homme moderne, passionné et pratique, enragé d'action, de mouvement et de vie, ayant toute foi en la science, croyant au progrès indéfini de l'humanité par les progrès de l'industrie et du commerce. Il se donnait à son œuvre tout entier, sans mesure ; il s'y donna jusqu'à l'épuisement ; à la fin de l'Exposition, pour la première fois, sa merveilleuse santé sembla s'altérer. L'État ne fut que l'interprète de la reconnaissance publique en le nommant Grand-Croix de la Légion d'Honneur.

Dès cette époque, Messieurs, Alphand pensait à l'Académie des Beaux-Arts et l'Académie pensait à lui.

L'homme qui, depuis plus de trente ans, avait groupé
autour de lui, pour les associer à ses entreprises, dans
une collaboration amicale, tant d'artistes divers, architectes, sculpteurs, peintres, musiciens, croyait, non sans
raison, avoir quelque titre à se reposer au milieu d'eux.
D'ailleurs, il s'estimait un artiste en son genre, et il l'était.
Théoricien en même temps que praticien, à travers les
activités incessantes de sa vie, il avait trouvé le temps
d'écrire deux gros volumes sur l'*Art des Jardins*, où il expo-
sait, avec la nomenclature de ses entreprises parisiennes,
les principes qui l'avaient guidé. Rien de plus intéressant
que la suite de ses observations et de ses réflexions, résul-
tats d'une longue expérience, sur cet art pacifique et
moralisateur, dont il recherche et retrouve les origines au
début même de toutes les grandes civilisations. Après avoir
examiné comment, chez les différents peuples, à différentes
époques, sous des climats divers, avait été pratiquée, dans
les villes, la forme la plus difficile de cet art, l'union de
l'architecture avec la nature, il arrive à cette conclusion
que, dans le monde moderne, on ne saurait s'en tenir à
des formules absolues. Toutes les traditions, suivant les
cas, peuvent être bonnes à reprendre ; on peut même
souvent les combiner avec avantage ; l'essentiel est de les
adapter justement aux conditions infiniment variables des
choses. Jardins réguliers et irréguliers, à l'italienne, à la
française, à l'anglaise, tous peuvent être tour à tour excel-
lents, suivant la disposition et l'exposition des terrains,
le caractère des constructions avoisinantes, les agréments
de la perspective, les habitudes de la population, les
exigences du quartier : « Les théories étroites, dit-il,

doivent être absolument proscrites... La science consiste à faire une chose simple en employant des formes toujours justifiées. Il importe que la nature y soit toujours arrangée pour l'homme, que chaque objet, accusant bien son individualité, soit en rapport de grandeur avec lui et fasse appel à ses sensations les plus délicates... Il n'est pas indispensable de tailler les arbres dans un jardin régulier de façon à modifier leur attitude naturelle... Un jardin est une œuvre d'art. La nature y fournit les grandes lignes, mais en y subissant certains accommodements. On y produit des combinaisons diverses de formes, de couleurs, de lumières, uniquement pour le plaisir des yeux, comme on combine des sons dans un certain ordre pour la satisfaction de l'oreille. Un jardin est une mélodie de formes et de couleurs. »

C'est le 14 mai 1891 qu'Alphand fut appelé dans votre compagnie ; il y succédait à son chef et ami dont il fut inséparable, le baron Haussmann. Il avait alors 74 ans, mais nul ne lui eût donné cet âge, et il ne pensait point à se croiser les bras. Son ardeur, un moment ralentie par la fatigue, s'était même réveillée plus vive que jamais, et il répondait assez brusquement à ceux qui lui conseillaient le repos : « Mais qu'est-ce que je ferais? » Un de ses plus anciens et dévoués collaborateurs, M. Huet, sous-directeur des Travaux de Paris, a raconté, devant sa tombe, cette histoire touchante : « Ces jours derniers, on proposait à Alphand la mise à la retraite d'un serviteur de la première heure, un vieux garde du bois de Boulogne : « Non, non », répondit-il, « nous mourrons ensemble ! » La mort le surprit plus tôt qu'il ne l'attendait, le 6 décembre de la même année. « Il aimait la lutte, dit encore M. Huet, il l'a eue jusqu'au bout, mais c'est certainement la mort qu'il souhaitait, la mort du champ de bataille. » Le lendemain, le Conseil Municipal leva la séance en signe de deuil. Les obsèques furent faites aux frais de la Ville qui donna un terrain au Père-Lachaise pour l'érection d'un tombeau exécuté depuis par MM. Formigé et Dalou. La cérémonie eut lieu sous le Dôme central, son Dôme, du Palais du Champ-de-Mars. Le préfet de la Seine, M. Poubelle, au milieu d'une émotion générale et profonde, y put déclarer que « la Ville de Paris avait perdu son grand ami ». Nul en effet n'avait jamais aimé, d'une passion plus intelligente, la grande Ville, nul n'a voulu, d'un plus constant effort, l'assainir et la parer, pour la rendre douce à ses habitants et séduisante à ses hôtes, et le nom d'Alphand restera, dans l'avenir indissolublement lié à celui de Paris, du Paris nouveau, du Paris moderne, tel qu'il fallait le refaire, sans doute, pour qu'il pût rester encore, au milieu du vieux et du nouveau monde transformés par la science, le centre toujours vivant, attirant et rayonnant de l'activité intellectuelle, aussi bien que de l'activité matérielle, du génie des lettres et du génie des arts. Il n'est guère de gloire plus haute, il n'en est pas de plus durable.

Paris. — Typ. Firmin-Didot et Cⁱᵉ, impr. de l'Institut, rue Jacob, 56. — 38206.